집중력과 기억력을 높이는
숨은그림찾기

집중력과 기억력을 높이는
숨은그림찾기

초판 1쇄 발행 2017년 12월 11일
초판 19쇄 발행 2025년 10월 20일

지은이 | 아델 디샤넬
펴낸이 | 박찬욱
펴낸곳 | 오렌지연필
주　소 | (10550) 경기도 고양시 덕양구 삼원로 73 한일윈스타 1422호
전　화 | 070-8700-8767
팩　스 | 031-814-8769
메　일 | orangepencilbook@naver.com

편　집 | 미토스
디자인 | 서진원

ⓒ 오렌지연필

ISBN 979-11-958553-4-6 (13690)

* 잘못 만들어진 책은 구입처에서 교환 가능합니다.

이 도서의 국립중앙도서관 출판예정도서목록(CIP)은 서지정보유통지원시스템 홈페이지(http://seoji.nl.go.kr)와
국가자료공동목록시스템(http://www.nl.go.kr/kolisnet)에서 이용하실 수 있습니다. (CIP제어번호 : CIP2017031966)

BEST 두뇌 트레이닝

집중력 UP
기억력 UP

집중력과 기억력을 높이는

숨은그림찾기

그림 | 아델 디샤넬

오렌지연필

hidden
4
picture

9

11

11

hidden
6
picture

14

hidden
7
picture

HAPPY BIRTHDAY

12

CCFFEESHOP
THE OTHERSIDE

hidden
9
picture

hidden
10
picture

WE GOT MARRIED

10

hidden 15 picture

10

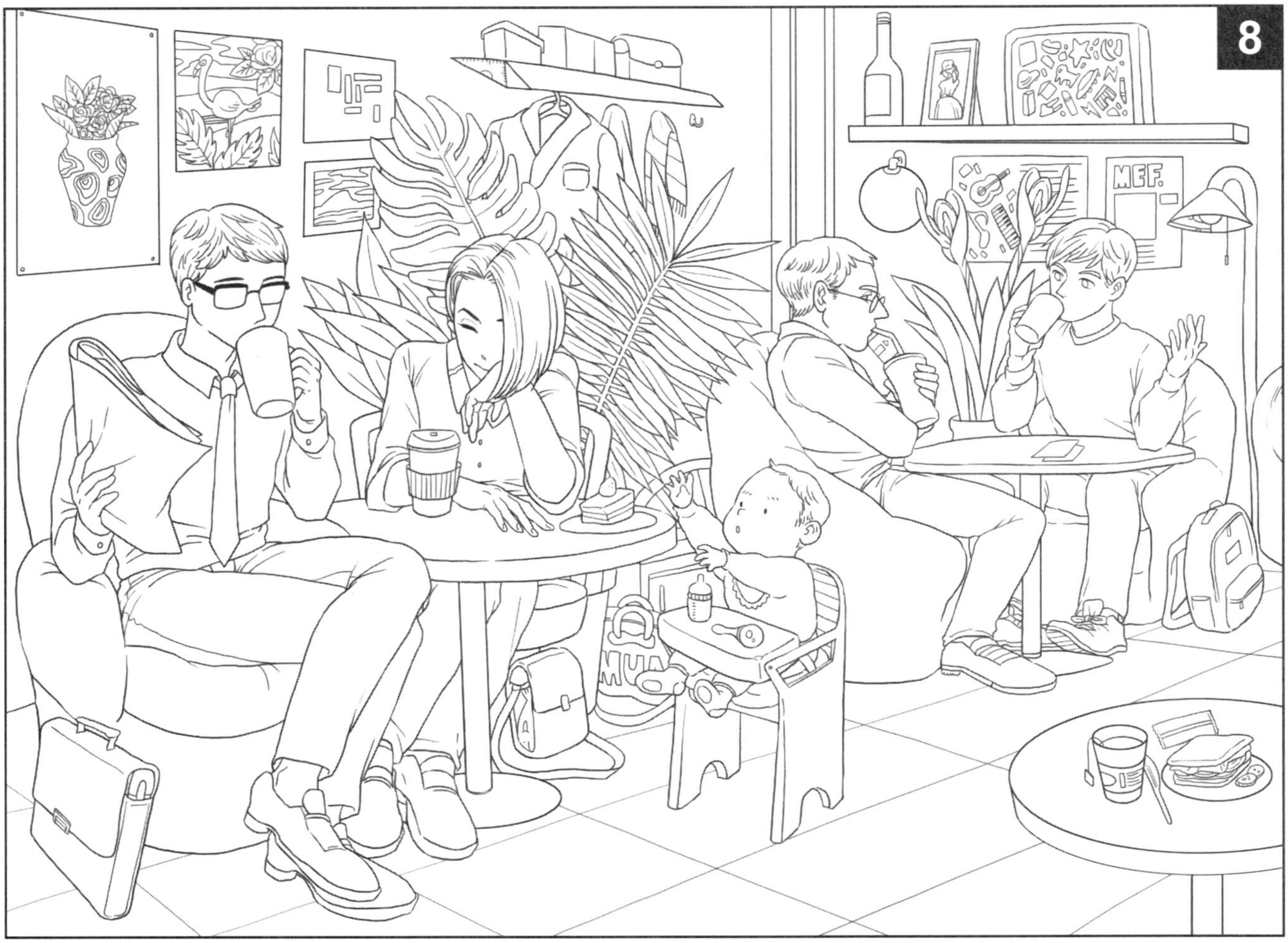
8
MEF.

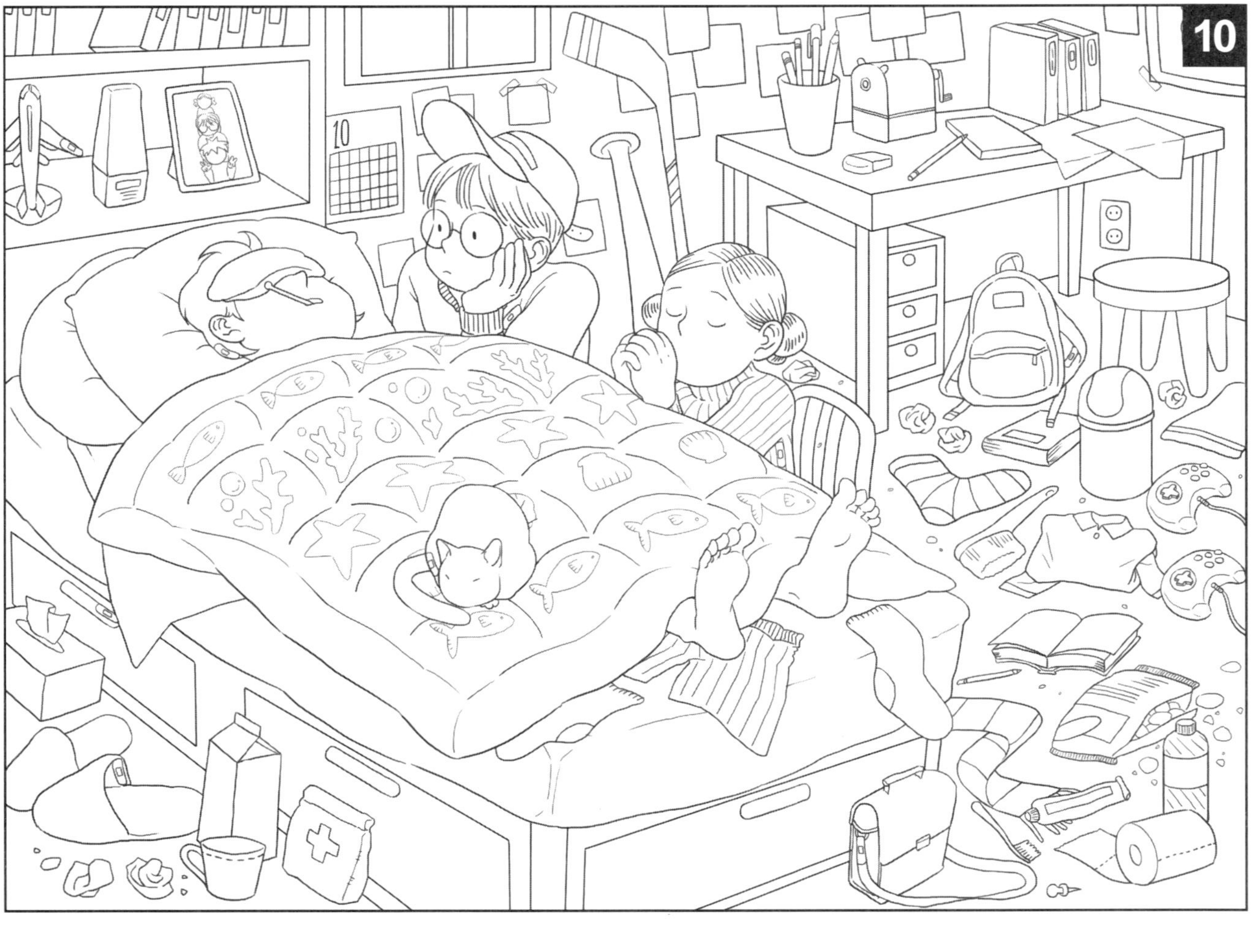
10

8

14

hidden 25 picture

hidden
27
picture

hidden
32
picture

10

14

hidden 33 picture

hidden
36
picture

11

10

hidden picture
48

8

hidden 51 picture

18

20

hidden picture

53

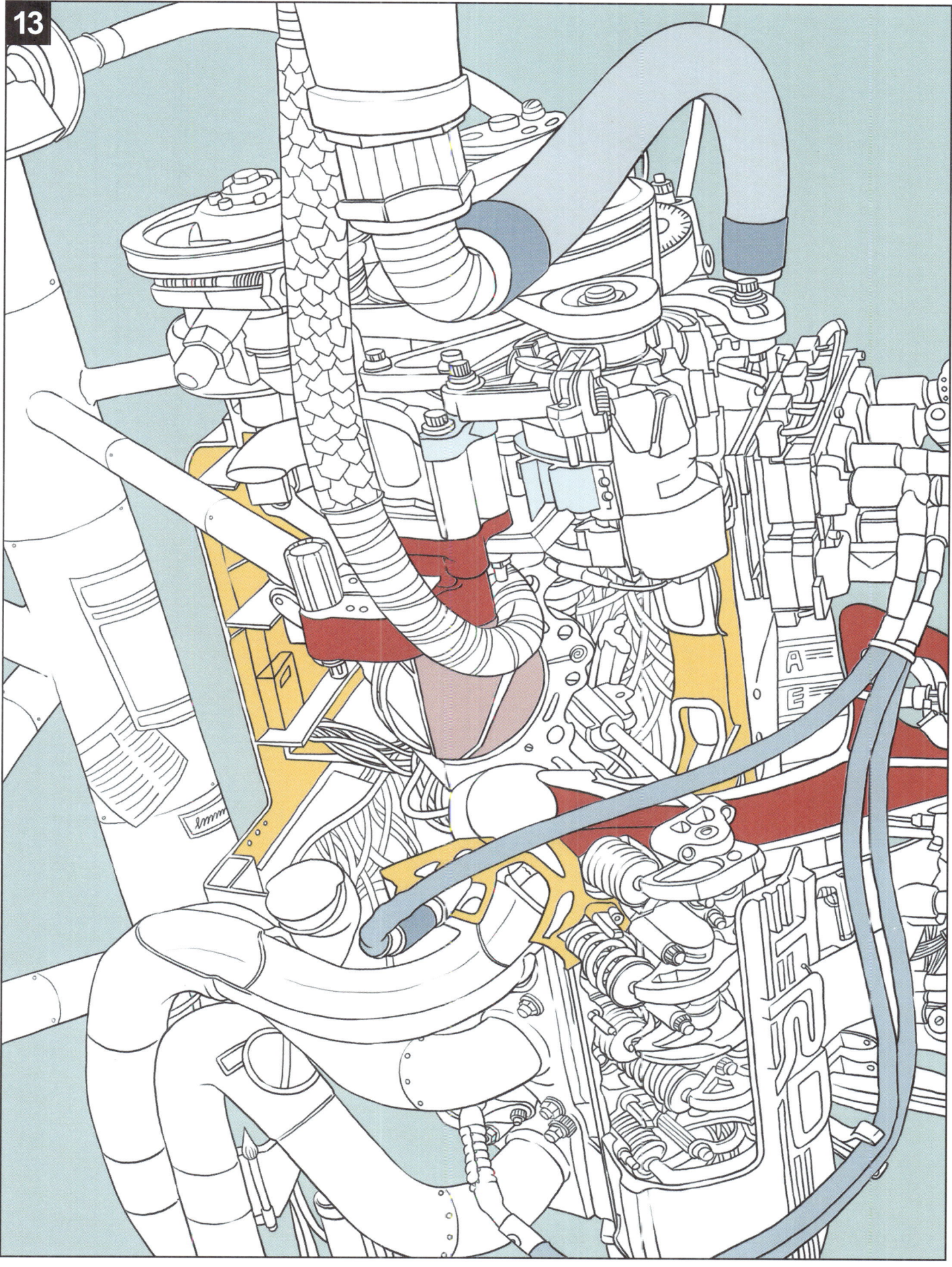

hidden picture
62

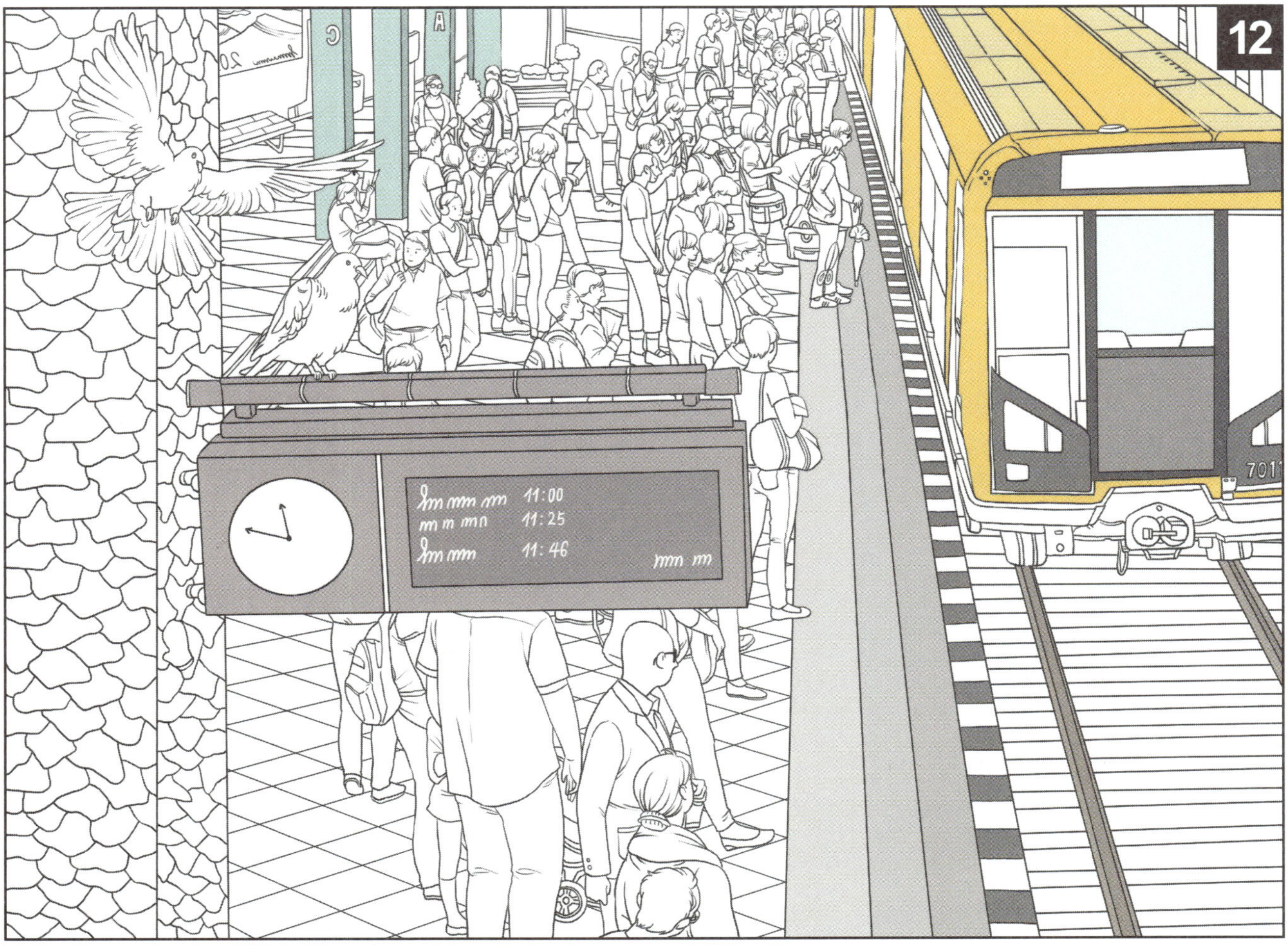
12
11:00
11:25
11:46

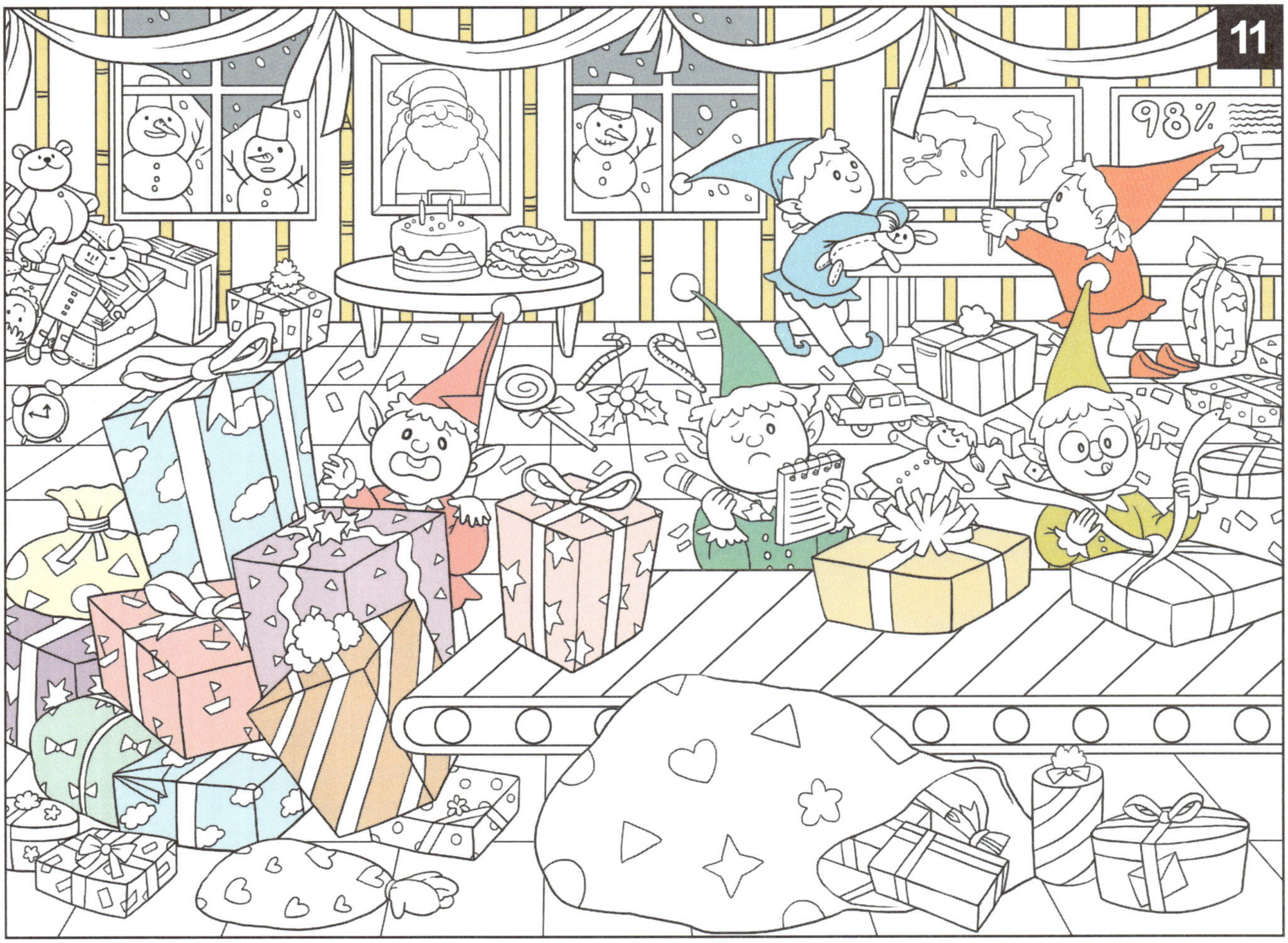
11
98%

hidden picture

12

7

8

hidden
71
picture

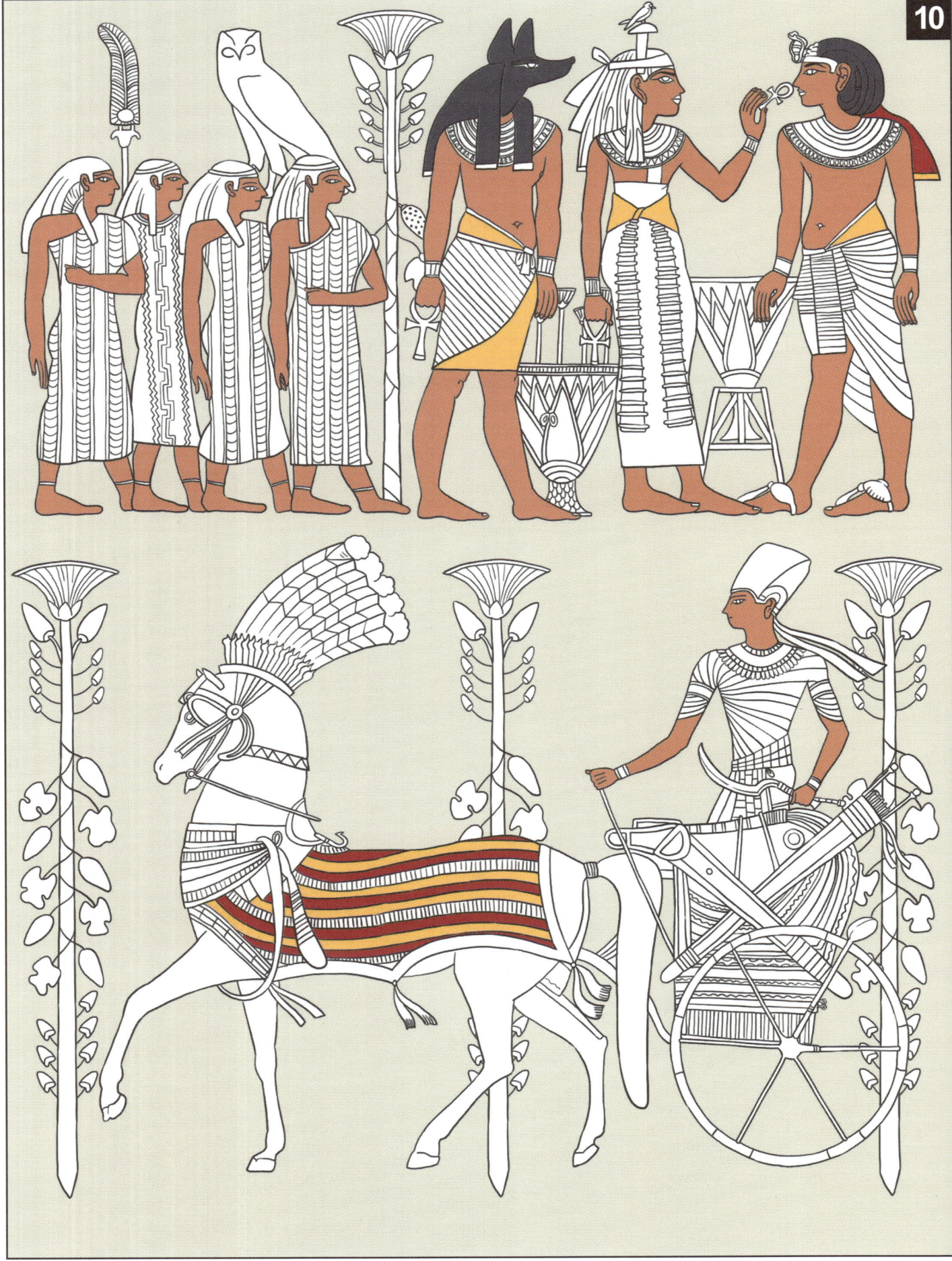

hidden picture

hidden picture

SOLUTION

도넛, 버스, 나무, 바지, 소시지, 야구공, 입술, 하트, 열쇠

종이비행기(11개)

커피잔, 하키채, 사탕, 자,
레몬, 칫솔, 왕관, 편지봉투

부메랑, 화살, 왕관, 도넛, 나뭇잎,
톱, 야구공, 각도기, 돛단배, 뱀, 반지

도끼, 새, 바늘, 물고기, 깃발, 나이프, 종이비행기,
아이스크림, 수박, 빵, 고추, 책, 칫솔, 하트

빵, 칫솔, 바늘, 단추, 국자, 코끼리, 바나나, 하이힐

하트, 삼각자, 새, 도끼, 편지봉투, 연필, 신발, 책

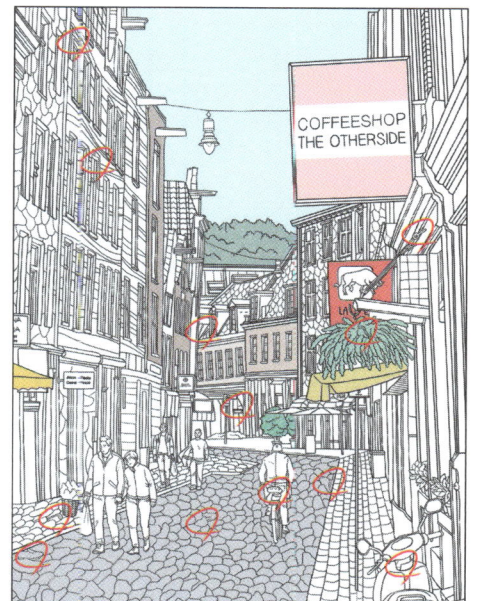
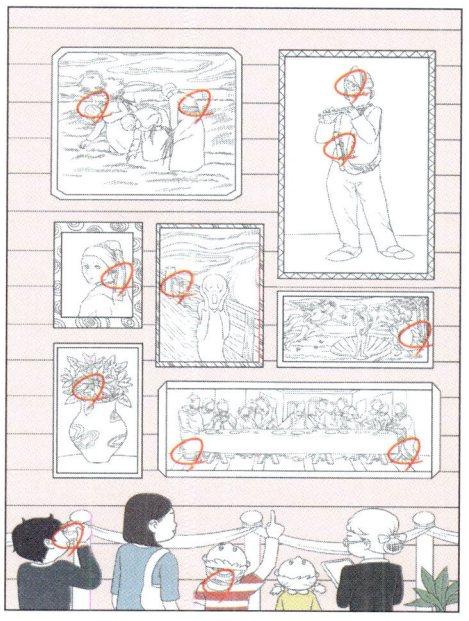

낫, 하키채, 국자, 종이비행기, 배,
빵, 지렁이, 양말, 열쇠, 칼, 구두, 오리

거북이, 빵, 피자, 칫솔, 도끼, 책,
양말, 구두, 낫, 바나나, 편지봉투, 고래

도토리, 지렁이, 깃발, 하트, 넥타이, 편지봉투,
물고기, 럭비공, 뼈다귀, 페인트붓, 박주, 포크,
골프채, 도마뱀, 아이스크림, 숟가락, 바나나

국자
구두
물고기
삼각자
종이비행기
못
양말
주사위
치즈
집
소시지

오징어, 지렁이, 자, 당근, 치즈, 구두, 포크, 하트

식빵, 깃발, 숟가락, 종이비행기, 꽃삽, 칼,
아이스크림, 머그잔, 지렁이, 칫솔

새(2개), 돌고래, 종, 즛불, 깃발, 연필,
바나나, 숟가락, 아이스크림

빗자루, 해마, 레몬, 책, 새, 촛불,
굴개, 고래, 바나나, 글러브

SOLUTION

숟가락
식칼
핀셋
뱀
낫
삼각자
왕관
수박
아이스크림
구두
종이비행기
물고기
모자
돋보기
돛단배

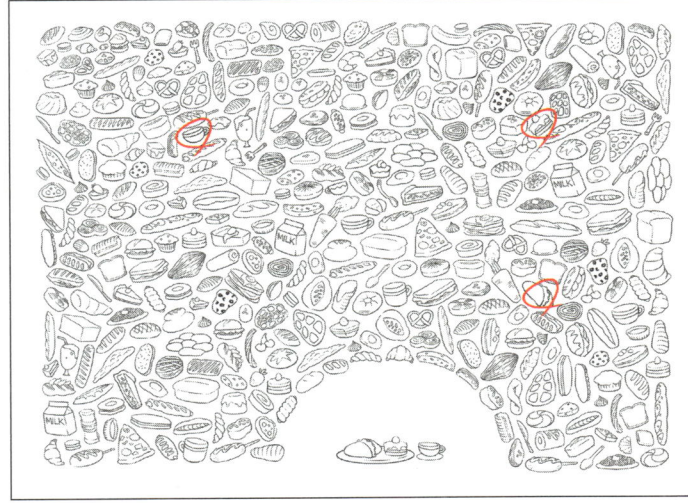

편지봉투(10개)

식칼
모자
물고기
장갑
구두
나비
지렁이
종
지팡이
종이비행기
하키채
솔

바나나
부메랑
숟가락
달팽이
장갑
손목시계
칫솔
돛단배
도끼
말굽자석

삼각자, 숟가락, 집, 구두, 칫솔, 물고기, 말굽자석, 바나나

상처치유밴드(10개)

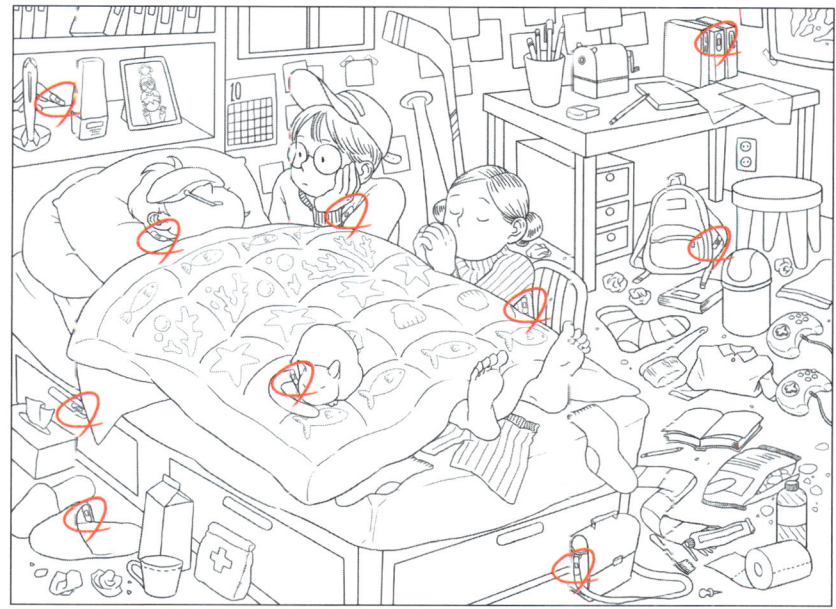

책, 자, 새, 버섯, 입술, 국자, 페인트붓, 못, 상어,
종이비행기, 편지봉투, 도끼

도끼, 종이비행기, 발, 확성기, 숟가락, 별
손바닥, 신발

톱, 손바닥, 하키채, 전구, 다리미, 삼각자,
연필, 부메랑, 자, 머핀, 국자

correct
91
answer

낫, 자, 깃발, 모자, 하이힐, 고래, 새, 지렁이

하트, 칫솔, 도토리, 바나나, 종이비행기, 붓,
숟가락, 버스, 피자, 나뭇잎, 집, 도끼, 셔틀콕, 새

SOLUTION

확성기
빗자루
신발
돛단배
편지봉투

종
돛단배
야구방망이
물고기
달팽이
빗자루
뱀
새총
식빵
올챙이

지렁이(8개)

구두, 삽
우주선, 새
프라이팬
집, 왕관
칫솔, 해마
촛불, 나비
편지봉투
피자, 양말
야구방망이
하키채, 하트
낫, 가위

자, 초승달, 머핀, 지렁이, 바늘, 하키채, 효자손, 핀

각도기, 바나나, 연필, 낫, 아이스크림, 도끼

뱀, 박쥐, 낫, 부메랑, 버섯, 도끼,
하키채, 양말, 고래, ㅂ-나나, 책, 연필

모자, 종이비행기, 연, 각도기, 장화, 바늘, 딸기,
식빵, 양말, 물고기, 들채, 종이배

아이스크림
촛불
새
ㅎ-이힐
피자
도끼
ㅂ-나나
상어
뱀
부메랑

브러시, 사과, 벙어리장갑, 나비, 한-반도, 야구방망이,
새, 야구공, 국자, 돌고래, 구두, 돛단배, 도끼, 돼지

토끼, 고깔모자, 하이힐, 안경, 도토리
부메랑, 고추, 꽃삽, 깃발, 책

돌고래, 가오리, 해마, 말굽자석, 도끼, 낫
신발, 꽃삽, 삼각자, 개

correct
93
answer

SOLUTION

도끼, 바나나, 부메랑, 꽃삽, 종이비행기, 신발

무당벌레, 나뭇잎, 포크, 양말, 고깔모자, 압축기

클립
와인잔
새
편지봉투
낚싯바늘
망치
말굽자석
갈고리
왕관
자
도토리
종이비행기
돌고래
도끼
갈매기
소시지

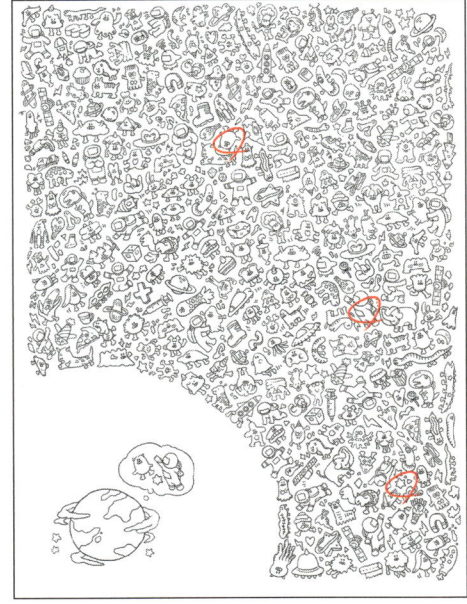

아이스크림
신발
토끼
바나나
새
치아
압축기
물고기
비행기
피자
조각케이크
낫
편지봉투
책
어그부츠
다리미

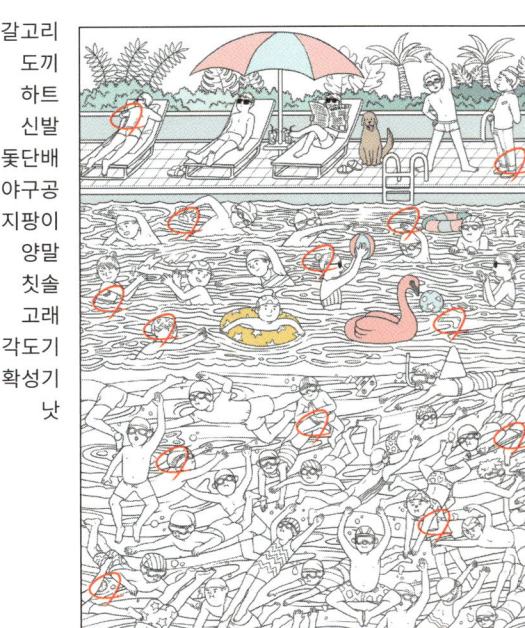

갈고리
도끼
하트
신발
돛단배
야구공
지팡이
양말
칫솔
고래
각도기
확성기
낫

톱, 호미, 옷걸이, 낫, 물고기, 슬리퍼, 고래, 양말, 새총, 도끼, 종이비행기

갈매기, 넥타이, 새 갈고리, 종이비행기, 바나나, 확성기, 열쇠, 솔, 국자

낫, 나무, 신발, 아이스크림, 칼, 종이비행기,
목도리, 꽃삽, 뒤집개, 수박, 머핀, 팽이

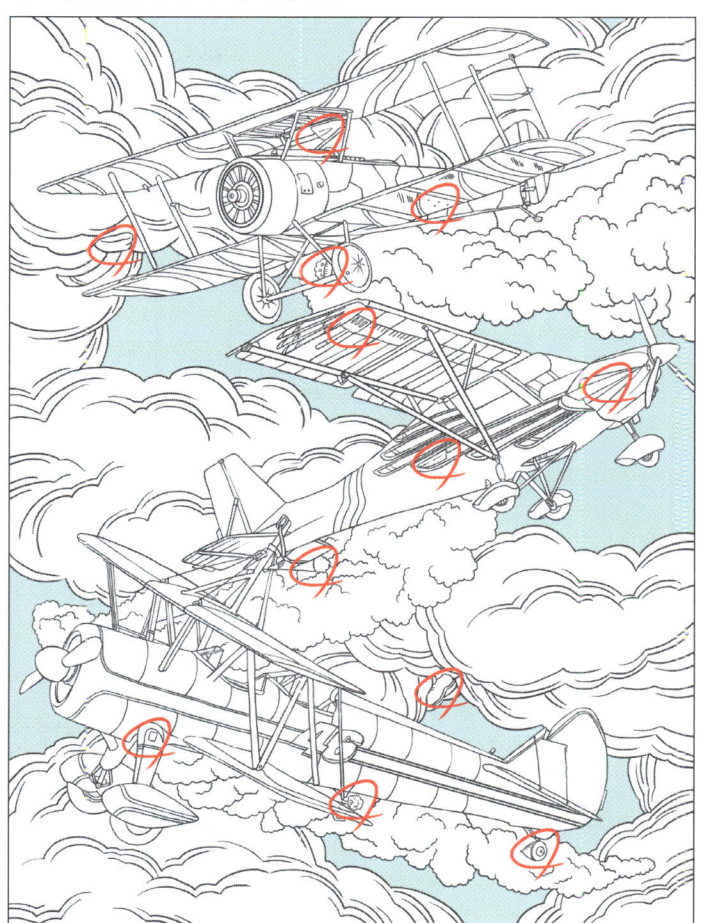

바나나, 낫, 숟가락, 하키채, 고래, 아이스크림, 권총, 칫솔, 말굽자석

SOLUTION

토끼, 돌고래, 새총, 도끼, 뱀, 조각케이크, 촛불, 깃발, 뼈다귀, 물고기

신발, 칼, 도끼, 권총, 손전등, 낫, 편지봉투,
도마뱀, 각도기, 새, 돛단배, 새총, 뱀, 토끼, 창

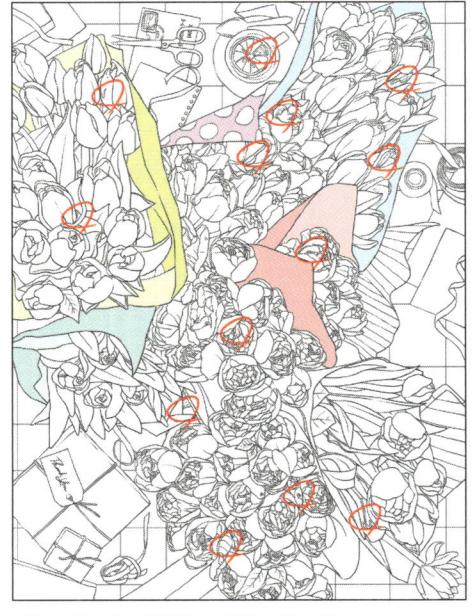

거북, 물고기, 지팡이, 돛단배, 새, 신발,
뱀, 숟가락, 사람얼굴, 바나나, 칼, 피자, 돌고래

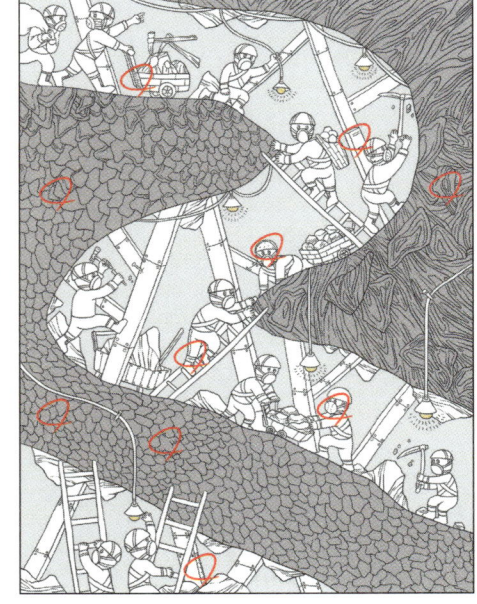

새, 양말, 도끼, 야구공, 수박,
부메랑, 숟가락, 책, 빗자루, 자

신발, 빵, 편지봉투, 촛불, 책, 아이스크림, 물고기

솔, 권총, 박쥐, 빗자루, 야구방망이, 볼링핀,
바람개비, 포크, 종이비행기, 국자, 부메랑, 낫, 뱀

아이스크림, 하이힐, 야구방망이, 바나나, 지렁이, 소시지, 상어, 물개, 거북, 가지

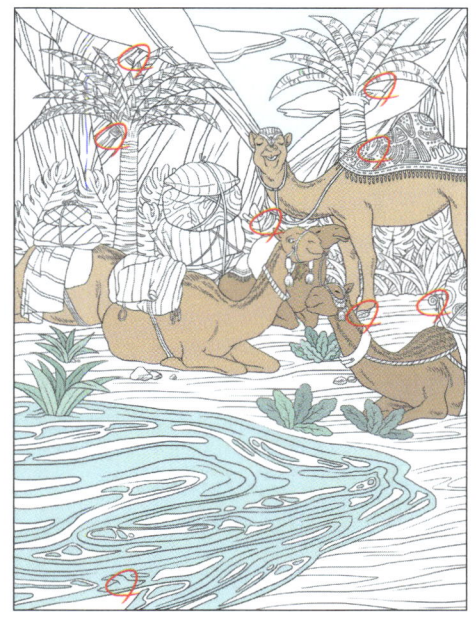
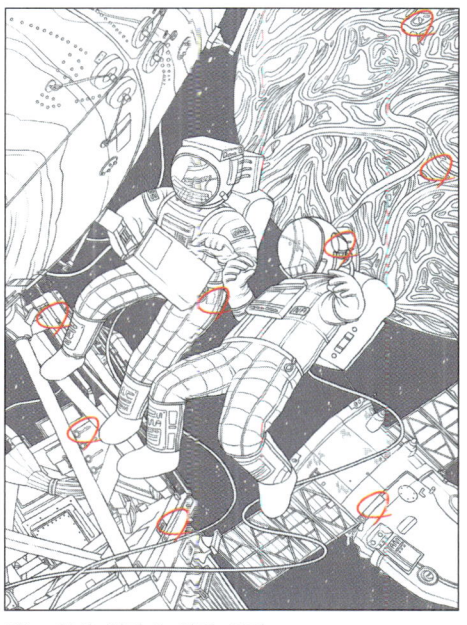

새, 나뭇잎, 달팽이, 바나나,
페인트붓, 손전등, 지렁이, 모자

바늘, 열쇠, 병따개, 연필, 도끼,
바나나, 도토리, 머그잔

해파리, 신발, 바늘, 꽃삽, 깃발,
종이비행기, 버섯, 고기

왕관
아이스크림
야구방망이
노트
도끼
피자
하트
당근

돛단배, 종이비행기, 톱, 펀권, 확성기, 슬리퍼, 도끼, 버섯, 치아,
민소매티, 고래, 공룡, 새, 바나나, 권총, 뱀, 나비, 와인잔

correct 97 answer

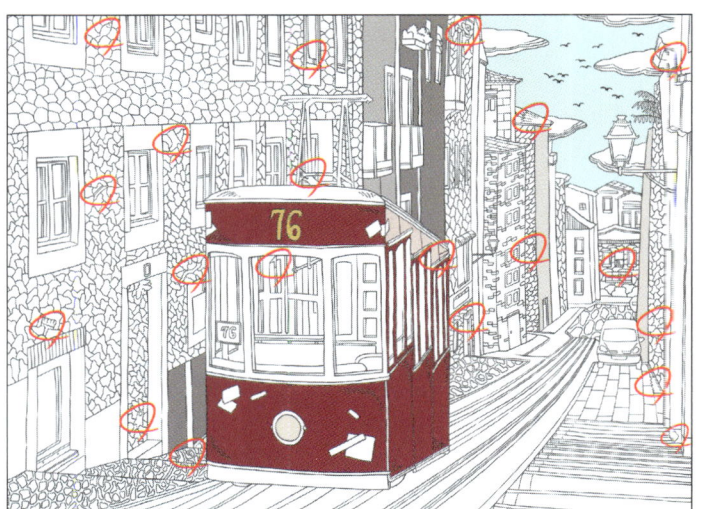

따봉, 오리발, 페인트붓, 중절모, 뱀, 물고기, 장화, 포크, 하키채,
돛단배, 작살, 빗자루, 편지봉투, 톱, 별, 책, 양말, 우산, 우주선, 낚싯바늘

연필
바늘
새총
포크
왕관
나뭇잎
뱀
숟가락
도토리

SOLUTION

나비(10개)

입술
지렁이
보석
바나나
나뭇잎
양말
고래
칼
열쇠
눈사람
소시지
국자
자
낫

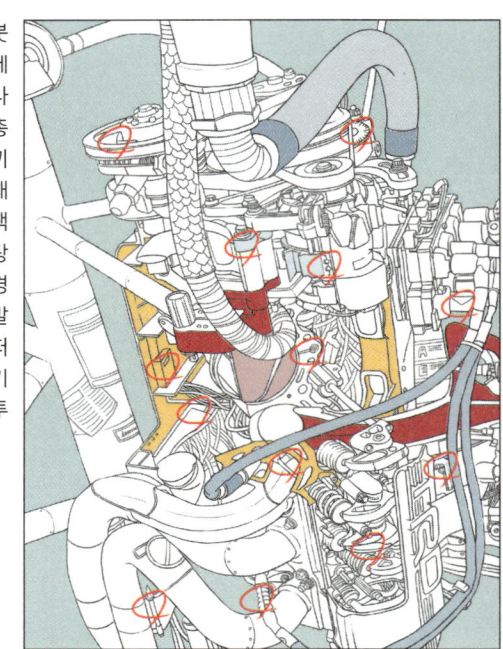

도끼
빗자루
칫솔
조각케이크
물고기
고무신
고래
편지봉투
양말
장화
책
종이비행기
하키채
연필
깃발
작살

붓
애벌레
바나나
권총
도끼
하키채
책
막대사탕
안경
깃발
슬리퍼
각도기
편지봉투

모자, 숟가락, 양말, 우주선, 바나나, 작살, 깃발,
달걀프라이, 지렁이, 종, 막대사탕, 칫솔

핀, 하키채, 물고기(2개), 칫솔, 낫,
편지봉투, 빗자루, 바나나, 하트

말굽자석, 당근, 양말,
벙어리장갑, 버섯, 뱀, 아이스크림, 물개

조개
도끼
도토리
숟가락
모자
지렁이
고무신

버섯, 양말, 말굽자석, 새총, 각도기, 피자, 물고기, 종

도넛, 숟가락, 편지봉투, 칫솔, 머그잔, 도토리, 연필

열쇠
붓
촛불
낫
깃발
바늘
모자
고래
버섯
벙어리장갑

correct
99
answer

조개, 양말, 지렁이, 도끼,
골프채, 연필, 바나나, 화살촉

치아, 숟가락, 고래, 연필, 신발, 새총

종, 팽이, 톱, 종이비행기, 도끼, 돛단배, 신발
새, 낫, 책, 아이스크림, 상어

SOLUTION

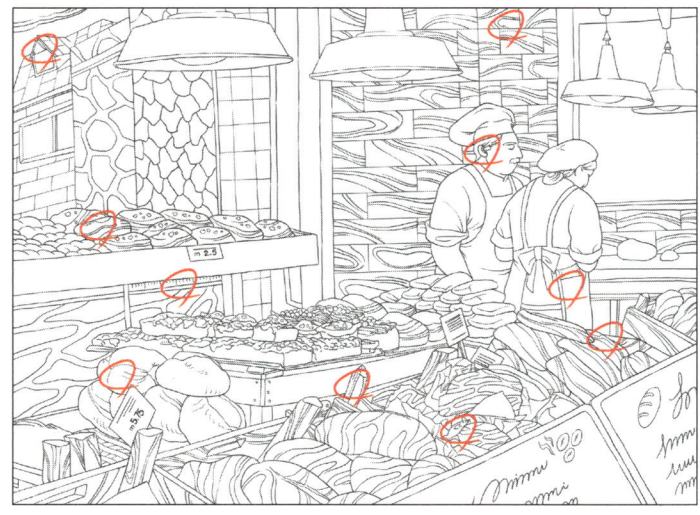

확성기, 신발, 자, 토끼, 숟가락, 연필, 물고기, 새, 버섯, 갈고리

새, 깃발, 박쥐, 아이스크림, 당근, 종이비행기, 빗자루,
벙어리장갑, 손바닥, 확성기

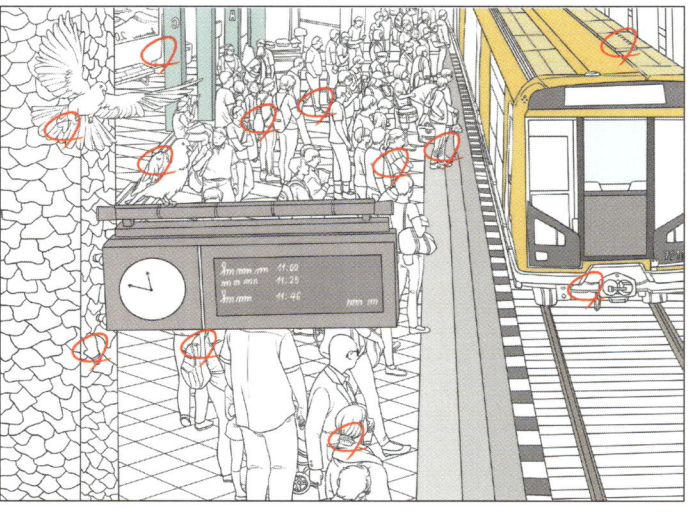

하키채, 노트, 하트, 골프채, 가위, 도끼, 물고기, 볼링핀,
벙어리장갑, 슬리퍼, 핫도그, 신발

연필, 초승달, 나뭇잎, 책, 뱀, 깃발,
지렁이, 촛불, 벙어리장갑, 종이비행기, 페인트붓

가지
물고기
확성기
낚싯바늘
뱀
새
클립
촛불
빗자루
도끼

신발, 물고기, 머그잔, 손목시계, 망치, 뱀, 숟가락,
조개, 칫솔, 지렁이, 촛불, 뿔나팔

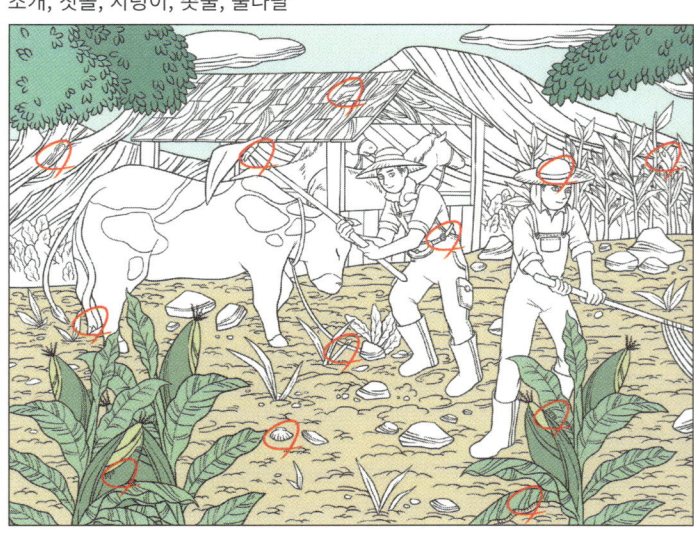

권총, 꽃삽, 촛불, 부메랑, 갈매기, 새, 하이힐

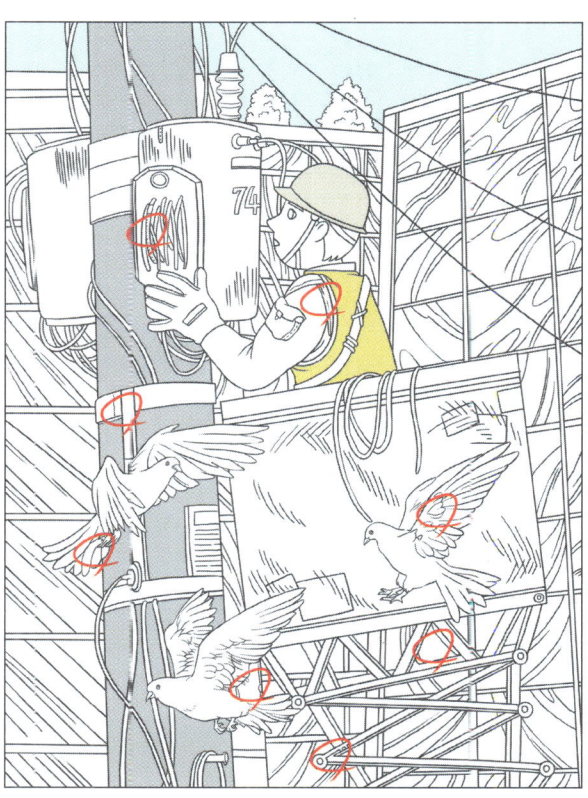

도끼, 가지, 낫, 신발, 하트, 열쇠, 지렁이, 확성기

correct
101
answer

아이스크림, 깃발(2개), 양말, 머핀,
촛불, 새, 숟가락, 새총, 넥타이, 칫솔, 포크

신발, 연필, 종이비행기, 책, 부메랑, 오리, 하이힐

SOLUTION

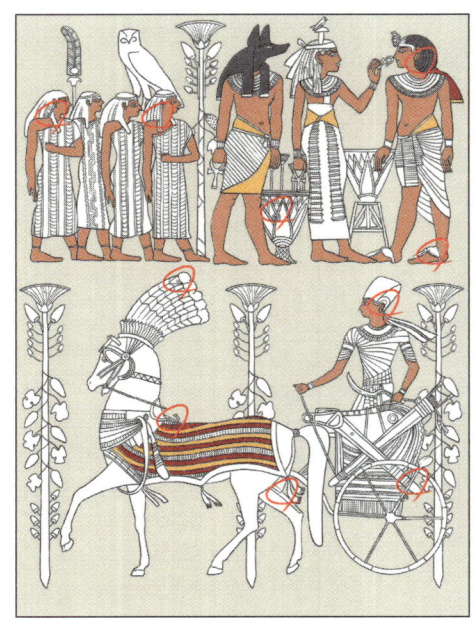

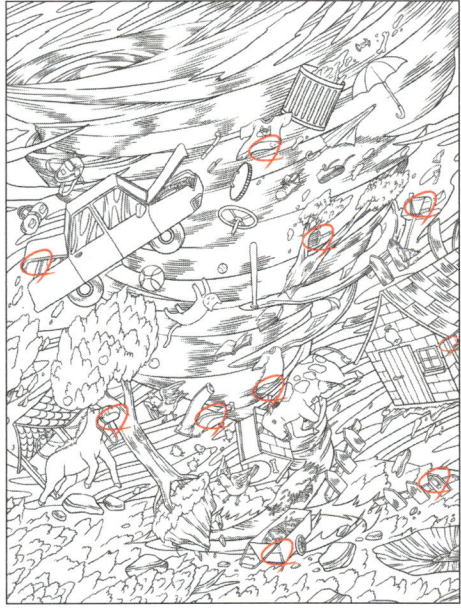

책, 뼈다귀, 낫, 바늘, 연필, 벙어리장갑, 작살, 오징어, 확성기, 마녀모자, 별

물고기, 확성기, 페인트붓, 쇠지레, 벙어리장갑, 뱀, 숟가락, 도끼, 깃발, 연필

빗자루, 칼, 가위, 말굽자석, 아이스크림, 도끼, 낚싯바늘, 숟가락, 조개, 갈고리

correct 102 answer

말굽자석, 물고기, 열쇠, 피자, 바나나, 쇠지레, 초승달, 노트, 카멜레온, 손전등

당근, 부메랑, 못, 하키채, 바나나, 레몬, 비행기, 글러브, 망치, 핀

바나나(2개)
숟가락
토끼
치아
물고기
신발
당근
돛단배
붓

새
우산
종
물고기
나뭇잎
모자
붓
볼링핀
지렁이
꽃삽

칫솔
노트
하키채
종이비행기
신발
연필
깃발
도끼
물고기

칫솔
박쥐
뱀
물고기
아이스크림
돌고래
레몬
신발
버섯
카누

종
슬리퍼
숟가락
모자
감
지팡이
바나나
버섯
새
부부젤라

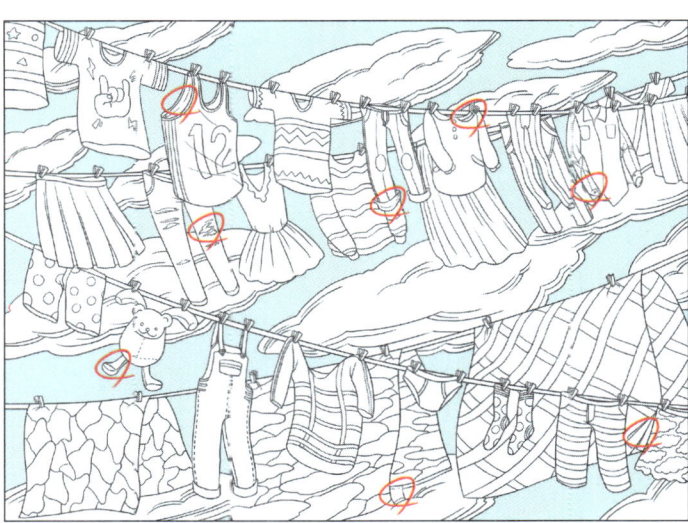

물고기, 작살, 도끼, 확성기, 야구방망이, 칫솔, 하키채, 종이비행기, 신발, 바나나

바나나(2개), 가위, 물고기, 새, 국자, 도끼, 종이비행기

SOLUTION

숟가락
물고기
종이비행기
피자
뱀
자
가지

연필
종이비행기
편지봉투
하키채
책
페인트붓
식빵
각도기
도끼
자

칼, 가위, 숟가락, 물고기, 지팡이, 포크, 입술, 거북, 뱀

지팡이, 새, 양말, 지렁이, 바나나, 솔, 숟가락, 벙어리장갑, 나비

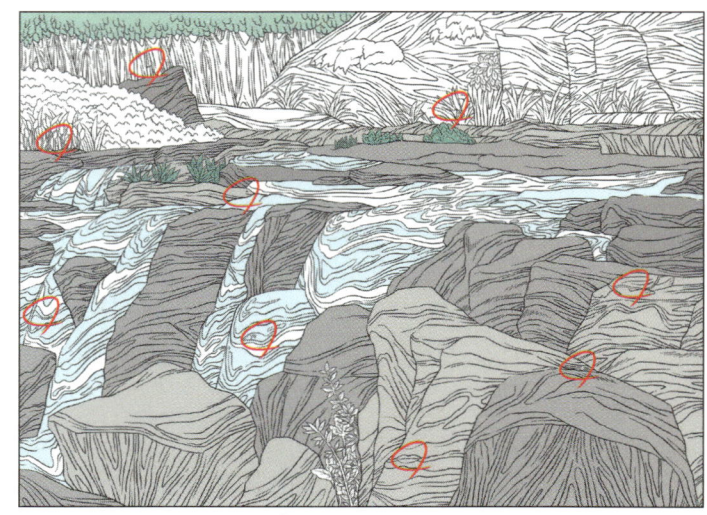

바늘
애벌레
낫
칫솔
피자
물고기
새
숟가락
신발
망치